LUÍS CARLOS PETRY E RUDÁ RICCI

O FASCISMO DE MASSA

UM OPÚSCULO QUE ANALISA O FASCISMO PELO VIÉS DA FILOSOFIA, SOCIOLOGIA, PSICANÁLISE E SEMIÓTICA

KOTTER
EDITORIAL

Coordenação editorial: Sálvio Nienkötter
Editor-executivo: Daniel Osiecki
Editor-adjunto: Claudecir de OLiveira Rocha
Editor-assistente: Tiago Goes Cardoso
Capa: Jussara Salazar
Design editorial e ebook: Carlos Garcia Fernandes
Produção: Cristiane Nienkötter
Preparação de originais e revisão: O Autor

Dados Internacionais de Catalogação na Publicação (CIP)

Petry, Luís Carlos
O fascismo de massa / Luís Carlos Petry e Rudá Ricci. – Curitiba : Kotter Editorial, 2022.
72 p.

ISBN 978-65-5361-060-6

1. Política e governo – Brasil 2. Sociologia 3. Fascismo 4. Psicologia de massas I. Título II. Ricci, Rudá

CDD 320.981

22-1751

Kotter Editorial
Rua das Cerejeiras, 194
82700-510 | Curitiba/PR
+55 41 3585-5161
www.kotter.com.br | contato@kotter.com.br

Feito o depósito legal
1ª Edição
2022

LUÍS CARLOS PETRY E RUDÁ RICCI

O FASCISMO DE MASSA

UM OPÚSCULO QUE ANALISA O FASCISMO PELO VIÉS DA FILOSOFIA, SOCIOLOGIA, PSICANÁLISE E SEMIÓTICA

Dedicatórias

Para Rosana Checcini de Castro, com amor.

Luís Carlos Petry

À Clau, Thi, Fê, Bruna e Matheus. E aos meus netinhos, Caetaninho e Gaia, que um dia terão curiosidade para saber como nos metemos na enrascada bolsonarista.

Rudá Ricci

Sumário

Da constituição cidadã ao ovo da serpente

Vivemos no Brasil, desde a primeira década do século XXI, uma conjuntura inaudita, peculiar em vários aspectos. Após a promulgação da chamada Constituição cidadã, vimos assomar com crescente avanço as garantias dos direitos e deveres, que realizaram um incremento no estatuto de cidadania - e retomaremos a isso adiante - e humanismo na sociedade brasileira.

No campo da implantação de políticas públicas (sociais), vivemos o nascimento do SUS, o Sistema Único de Saúde, do ECA, Estatuto da Criança e Adolescente, do alargamento da seguridade social, com programas nacionais como Bolsa Família, Bolsa Escola etc.

No campo das relações intersubjetivas tivemos a aprovação do casamento homoafetivo em 2011, passando assim a ser reconhecido pelo Estado, com todos os mesmos direitos que vigoravam, até então, para as famílias formadas a partir de casamentos heterossexuais. Vimos ainda um programa de cotas surgir no Brasil, a chamada Lei de Cotas, um instrumento criado pelo Governo Federal em 2012, que possibilitou que estudantes de escolas públicas, de baixa renda, negros, pardos e indígenas (PPI) e pessoas com deficiência (PcD) tivessem uma reserva de vagas para ingressar no Ensino Superior. Dado o incentivo e pertença que representou, esse programa de fato promoveu um aumento de estudantes negros nas Universidades públicas e privadas para além dos percentuais das cotas. A Universidade Pública era até então tradicionalmente majoritariamente frequentada pela classe média e pela elite econômica brasileira - um contrassenso extraordinário, vez que assim os mais abastados estudavam de forma gratuita e as camadas mais pobres só se graduavam se pudessem pagar.

Se, individualmente, cada conquista representava um grande avanço para a cidadania, em conjunto representaram um quase-milagre, notadamente em um país com uma história escravocrata e de extrema desigualdade entre as classes.

Vale destacar o importante Projeto Pindorama, da PUC-SP, que reservava vagas e bolsas de estudos para as populações indígenas.

Entretanto, a recepção destes avanços por parte da sociedade foi dúbia. Essa cidadania democrática e sociedade mais igualitária nem sempre foram celebradas pelos corpos docentes das universidades públicas e privadas. Ainda que alguns com muita discrição, não era pequeno o número de professores que se opunham, por exemplo, ao sistema de cotas. Os mais diversos argumentos se erguiam, mesmo entre professores notórios e pesquisadores de excelência inquestionável.

A ideia de que a entrada de alunos pelo sistema de quotas faria cair a qualidade do ensino nos cursos de graduação foi o argumento que mais grassou. Contudo, caiu por terra tão logo começaram a aparecer os dados de pesquisas que mostravam que os alunos oriundos das quotas e do ENEM se destacavam em empenho e notas, rivalizando com os filhos da burguesia. E, note-se isto dentro de um sistema de ensino conteudista e meritocrático, que privilegia a memória em detrimento do diálogo e do pensamento, exceto por honrosas exceções que, ao fim e ao cabo, confirmavam a regra.

Como consequência dos desastrosos acontecimentos acontecidos ao redor do golpe de 2016 e sequente ascensão de um governo neofascista, a partir de 2019, o signo do elitismo e desprezo pelos menos favorecidos social e economicamente passa a ser acompanhado por uma clara dose de ressentimento. Ambas importantes características apontadas por Theodor Adorno e por Umberto Eco, como signos ideológicos de um pensamento autoritário e fascista.

Esse fato enseja que enveredemos pela análise de aspectos intrínsecos à subjetividade de cada um de nós, e aos núcleos ideológicos que em nós agem sub-repticiamente, e que tem a sua origem em formações e complexos inconscientes.

São argumentações e posicionamentos que conduzem a pensar, não sem uma perplexidade muito característica, sobre a nossa condição dentro da *brasilidade*, termo muito grato ao saudoso Darcy Ribeiro.

Kant e o Esclarecimento

Aprendemos que o ser humano forma a sua consciência moral e ética em seu desenvolvimento social, comunitário e educacional. Kant chamou a isso de processo de esclarecimento[1], segundo o qual uma pessoa esclarecida poderia ser entendida como alguém que toma decisões baseada em argumentos racionais, o que realiza de forma livre. Kant é brilhante ao advogar a livre opção de escolha da fé religiosa, dentro de um debate que clamava pelo recrudescimento e a intolerância. Católicos, Luteranos e Protestantes deveriam poder conviver em paz, em suas livres disposições racionais, afetivas e de fé, uns ao lado dos outros, fraternamente. Era na verdade uma ideia que Kant herdava de Leibniz, que como que dedicou sua

[1] Kant, Inmanuel. (1783). Resposta à pergunta: O que é esclarecimento. In: Inmanuel Kant: textos seletos. Rio de Janeiro. Vozes. (1985).

vida a conciliar católicos e luteranos, defendendo que não havia qualquer diferença entre eles, exceto uma má compreensão do sentido das palavras. Nesta determinação, Leibniz chegou a propor uma nova língua, livre de ambiguidades, mas sem sucesso[2].

A mensagem racional de Kant fala em favor da tolerância, do amor e da coabitação entre as gentes. Trata-se de um belo esforço no sentido da construção de uma mente racional que caminha na direção da liberdade, da igualdade e da fraternidade.

Tudo seria maravilhoso se o homem fosse somente habitado por uma consciência racional que pudesse, cada vez mais, ser ampliada. Mas infelizmente, esta é só metade da história. Exatamente após 52 anos da morte de Kant, nasceu um outro pensador que indicaria a outra metade dessa história. Seu nome é Sigmund Freud.

---

[2] A característica universal foi uma linguagem formal universal imaginada e proposta pelo filósofo alemão Gottfried Wilhelm Leibniz (1646-1716) que tinha a finalidade de expressar conceitos matemáticos, filosóficos e metafísicos que tinha a finalidade de ser utilizada em procedimentos de cálculos que expressassem um raciocínio sem ambiguidades e livre das equivocidades da linguagem ordinária.

Freud e a psicologia de massas

Freud mostrou que todo o nosso comportamento consciente e racional é construído sob uma base não consciente e não racional, que ele chamou de inconsciente e que é formada, dentre outras coisas, por pulsões, moções e desejos. Mostrou ainda que todas as nossas ações conscientes, desde a escolha casual de nomes e números, até as ideias mais organizadas e desenvolvidas, possuem, além de uma estrutura racional, uma base inconsciente, ligada a pulsões e desejos que se formam em nossa primeira infância, nas relações afetivas com nossos pais e nosso convívio familiar inicialmente, e social posteriormente. Dito desse modo, o que trouxe Freud parece ter os ares de uma psicologia social que organiza as relações humanas em sociedade.

Mas Freud parte do estudo do sujeito individual e descobre que o que acontece em sua história de formação psíquica, sua ontogênese, durante a primeira infância, afeta, não somente a sua vida adulta e o seu modo ético, social e ideológico de pensar, *como também o de seu grupo social e comunitário* e, finalmente, o de sua sociedade como um todo.

Se inicialmente a interação entre a psicanálise de Freud e as ciências sociais tinha sido mínima ou mesmo pífia, cerca de trinta anos de pesquisa conduziram o psicanalista vienense a se aproximar dos contextos formativos das estruturas sociais. Freud estabeleceu uma direta relação entre os processos de identificação e escolha de objeto amoroso-erótico, na primeira infância, com a formação dos grupos ou massas e *a identificação que temos com nossos companheiros, chefes e líderes*. Ele irá mostrar que existe uma direta relação com o apaixonamento e a escolha de líderes aos quais seguimos e admiramos, muitas vezes de modo ardoroso e cego, tal como o enamoramento, nos quais os apaixonados veem somente virtudes e beleza no objeto de seu amor.

Freud estruturará essa relação em um livro publicado em 1920, que possui um título que combina ciências sociais e psicanálise: *A psicologia das massas e análise do Eu*[3]. Em linhas gerais, a formação de ideias (ideologias) que formam o ideário social e político dos adultos seriam construídas na base da formação de uma psique infantil, exatamente com os mesmos processos e mecanismos que são responsáveis pela formação de atos

[3] Freud, Sigmund. (1920). *A psicologia das massas e análise do Eu*. In: Cultura, sociedade, religião: O mal-estar na cultura e outros escritos. Belo Horizonte. Autêntica. (2020).

falhos, sintomas e neuroses. Para Freud, tanto o ser individual quanto o social são seres animados por uma psique inconsciente e pulsional. Vale pensar alguns pontos de conexões entre as ciências do homem e a psicanálise, situados em nossa brasiliana realidade atual.

Desde a publicação desse texto de Freud, as interações entre a psicanálise e as ciências sociais, a teoria sociológica e a teoria política cresceram em gênero e número, é fato, mas aqui cumpre destacar duas grandes e fecundas interações diretas e uma indireta. Elas estão figuradas nos trabalhos de Wilhelm Reich e Theodor Adorno, isto de forma direta e extensiva e, pelo pensamento semiótico de Umberto Eco, de forma indireta.

Reich e a repressão social

A primeira, realizada pelo psicanalista Wilhelm Reich, advém do livro que publicou em 1933: *Psicologia de massas do fascismo*[4]. Neste livro Reich sustenta que o modelo de educação sexual repressivo em nossa sociedade Ocidental tende a transformar as crianças em adultos tímidos, obedientes, não reflexivos e afeitos ao medo e seguimento de personalidades autoritárias. A máxima que representa isso é: "quem tem juízo obedece". Do ponto de vista das massas, seguindo o terceiro modelo de identificação em Freud, que podemos situar como *solidária*, o sujeito reprimido de Reich comporia uma massa que seguiria, preferencialmente, a um líder brutal, autoritário e repressivo. Muito do fenômeno populista e seus líderes

[4] Reich, Wilhelm. (1933). *Psicologia de massas do fascismo.* São Paulo. Martins Fontes. (2015).

autoritários na América Latina estaria dentro deste esquema reichiano.

O programa de trabalho de Reich resultou em um programa educacional berlinense centrado na conjunção entre a psicanálise e a teoria marxista, em dois textos. O primeiro, em colaboração com Vera Schmidt, intitulado, *Elementos de uma pedagogia antiautoritária*[5], publicado como documentos da década de 1920, que faziam parte de materiais do Conselho Central dos Jardins de Infância Socialistas de Berlin e, o segundo, o livro, *Crianças do futuro: sobre a prevenção da patologia sexual*[6]. Nestes documentos, Reich defende um ponto de vista semelhante ao de Freud, quando no *Pequeno Hans*[7], **este reflete sobre as possibilidades** positivas da psicanálise para a educação de crianças. A questão é que Reich, principalmente na *Psicologia de massas do fascismo*, mostra as incidências ideológicas de uma educação sexual repressiva, o que assustou a todos, inclusive aos psicanalistas. Foi dessa forma que a proposta de Reich foi atacada por todos os lados. O partido comunista, devido ao fato de Reich colocar Stalin como um líder fascista, o expulsou. Do lado da sociedade psicanalítica, ele foi igualmente defenestrado, apesar dos esforços de Otto Fenichel, que era marxista, em protegê-lo.

---

[5] Schmidt, Vera & Reich Wilhelm. *Elementos de uma pedagogia antiautoritária.* Porto/Rio de Janeiro. Publicações Escorpião. (1975).

[6] Reich, Wilhelm. (1987). *Children of the future: On the prevention of sexual pathology.* New York. Farrar Straus and Giroux.

[7] Freud, Sigmund (1909). Análise de uma fobia em um menino de cinco anos. In: Volume X das Obras Psicológicas Completas de Sigmund Freud. Rio de Janeiro. Imago (1977).

O segundo trabalho foi desenvolvido pelo filósofo e psicólogo, Theodor Adorno, principalmente a partir dos anos 1950 até o final de sua vida, e foi dedicado à formação, diagnóstico e combate ao autoritarismo e suas vertentes fascista e nazista, que como fez Reich anteriormente, foi organizado a partir do pensamento de Freud, principalmente, a partir d'*A psicologia das massas e análise do Eu.*

Adorno e a sociologia psicanalítica

A Tese (1924) de Adorno foi sobre fenomenologia husserliana: *A transcendência do objeto e do noemático na fenomenologia de Husserl*. Logo depois, em sua Tese de habilitação docente (1924), intitulada, *O conceito de inconsciente na teoria transcendental do entendimento*, Adorno defende uma redescrição do pensamento de Kant (entre a estética e a ética transcendentais) que foi desenvolvido a partir do conceito freudiano de inconsciente[8].

Adorno, junto com Max Horkheimer, coordenou o Instituto de Pesquisa Social de Frankfurt, a chamada escola de Frankfurt, que compreendeu, entre outros, os pensadores: Walter Benjamin, Erich Fromm, Herbert Marcuse e Jürgen Habermas, para citar somente alguns notáveis. A Escola de

---

[8] A questão da estética transcendental é um tema que estava nas preocupações de Freud e, inclusive, de Lacan. Adorno a estende até a ética, na formulação de que toda ética é uma estética.

Frankfurt desenvolveu um programa temático que incluía repensar as teorias de importantes pensadores, visando uma teoria que levasse em conta a ideia de esclarecimento e os elementos inconscientes do humano (irracionais) – dentre eles: Kant, Hegel, Marx, Freud, Lukács e Weber.

O trabalho de Adorno pode ser dividido em duas grandes áreas. A primeira delas, os seus estudos-pesquisa com Horkheimer, acerca da personalidade autoritária e, a segunda, centrada nos seus textos que relacionam a sociologia, a psicologia social e a psicanálise.

Inicialmente, sete características foram elencadas por ele para a personalidade autoritária:

- Em primeiro, uma *lealdade cega a determinados valores, costumes e ideias*, nos quais os valores adequados, morais e aceitáveis são aqueles que o sujeito tem e, em contrapartida, os dos demais são vistos como o resultado da corrupção moral. Geralmente o signo da família é evocada ardorosamente, mas quando se busca verificar o que seja o conceito de família, ele se resume ao que o próprio sujeito pensa, sem a possibilidade de participação dos demais sujeitos.
- Em segundo lugar, um *etnocentrismo* que considera que tudo o que é seu (ideias e moral) é melhor e mais adequado que o dos demais.
- Em terceiro, a continuada vivência dentro de uma *cultura do medo* que tem características nacionalistas e

xenofóbicas, resultando que os estrangeiros e os imigrantes são considerados um perigo para a sua vida, para sua família, para o país etc.

- Em quarto, a continuada *exaltação de suas conquistas* em detrimento do reconhecimento das conquistas do outro, do semelhante, em uma retinta inveja[9].
- Em quinto lugar, a continuada tentativa do estabelecimento de uma *liderança do tipo agressiva*, na qual seus interesses egóicos sempre estão em primeiro plano e apresentando a ausência de empatia e solidariedade[10].
- Em sexto, a renitente presença de *preconceitos e pensamentos rígidos*, ainda que tenhamos contato primeiramente com a rigidez do pensamento, que tem por finalidade assegurar os preconceitos, os quais se colocam como um anteparo a toda e qualquer mudança e avanço nos costumes e sociedade[11].
- Finalmente, em sétimo, a presença de *raciocínios simplistas e tautológicos*, os quais tendem a ser construídos com a finalidade não consciente de assegurar os valores, a egomania, o etnocentrismo, a defesa frente ao medo do outro e a diferença etc.

---

[9] Se trata de uma variante distorcida e deletéria do caminho e mito do herói de Campbell em, *O mito do nascimento do herói.*

[10] Adorno segue o ponto de vista freudiano e designa com isso uma severa falha da libido narcísica em detrimento da libido objetal.

[11] O que do ponto de vista freudiano designaria uma regressão do pensamento a processos animistas.

Em 1951, nos EUA, Adorno publicou o texto: *Teoria freudiana e o padrão da propaganda fascista*, presente na coletânea dos Ensaios sobre Psicologia social e Psicanálise (2015), uma coletânea de artigos organizada no Brasil pela editora UNESP[12]. Neste texto, Adorno retoma o pensamento de Freud, presente na Psicologia das massas, com a finalidade de compreender o modo de pensamento que está em ação no mecanismo psíquico fascista. Não é exagerado dizer que a abordagem de Adorno é freudianamente coerente neste e nos demais ensaios. Nele o pensador escreve: "Não é exagero se dissermos que Freud, apesar de seu pouco interesse pela dimensão política do problema, claramente antecipou o surgimento e a natureza dos movimentos de massa fascistas em categorias puramente psicológicas" (Adorno, 1951: 157).

Em sua abordagem crítica, Adorno apresenta um percurso de sua interação e influência diante da psicanálise de Freud. No capítulo, *Teoria freudiana e o padrão da propaganda fascista*, Adorno enfatiza o papel desempenhado pelo vínculo libidinal na formação do sujeito adulto e sua participação nos fenômenos (identificação e moções) de massa. Como diz o ditado popular: cada um no seu quadrado. As configurações das modalidades dos vínculos eróticos e as correspondentes identificações formam a base sob a qual, cada um de nós se identificará com este ou aquele modelo de interação social, valores e as correspondentes escolhas de seus companheiros e de representantes

[12] Adorno, Theodor W. (2015). *Ensaios sobre psicologia social e psicanálise*. São Paulo. UNESP.

(líderes). Assim, ainda que os indivíduos autoritários, aos olhos do senso comum, podem não parecer mais neuróticos que os seus semelhantes, eles possuem características que são peculiares, como as que foram referidas acima e que foram, inclusive, igualmente descritas por Paulo Freire, na modalidade da personalidade opressora, no livro, *Pedagogia do Oprimido*[13].

Temos de considerar que, como já dito, ainda que Freud não tenha olhado para os fenômenos e mudanças sociais, os conceitos que ele desenvolve sobre a psicologia das massas indicam as tendências históricas e os conceitos-guia utilizados por Adorno. É nesse sentido que Adorno considera que a abordagem freudiana, igualmente se encontra no campo da sociologia. As massas não são um fenômeno biológico (instintivo), mas sim uma formação psíquica (volátil) que necessita da participação de cada um dos indivíduos (individualmente), a **fim de formar um todo dinâmico e mutável.**

Dessa forma, Adorno chega à conclusão de que, geralmente, os membros de uma massa são: indivíduos; membros de uma sociedade neoliberal, competitiva e individualista; que são incentivados a se manterem como unidades independentes e autossustentadas (os empreendedores – os inovadores – os uberistas); e que são continuadamente advertidos para serem robustos contra a rendição (resilientes). Nesse sentido, Adorno diz que Freud encontra nestes indivíduos a força psíquica que os transforma em membros de uma massa (cega) que segue um líder provisório e autoritário. Vide a migração de parte da

[13] Freire, Paulo. (1974). *Pedagogia do Oprimido*. Rio de Janeiro. Editora Paz e Terra.

base bolsonarista para a especulação frenética de uma possível terceira via, isto nos eventos que se seguiram nos panorama pré-eleitoral de 2022.

Sobre o vínculo erótico entre os membros de uma massa, Adorno diz, referindo Freud, que: "se os indivíduos no grupo se combinam em uma unidade (massa), certamente deve haver algo que os une, e este vínculo poderia ser precisamente o que é característico de um grupo" (Freud apud Adorno, 1951: 159).

Temos aqui o problema fundamental: o líder fascista precisa apresentar este *algo* para cada um dos indivíduos (isoladamente), a fim de que possa arregimentar milhões para seus objetivos incompatíveis com seus próprios autointeresses racionais.

Para atingir esta meta ele precisa produzir artificialmente o vínculo entre cada um e ele, e os indivíduos entre si. A estrutura do vínculo de um a um dentro de uma massa, possui características e uma natureza libidinais. Verticalmente, na identificação com um ou mais traços apresentados pelo líder e, horizontalmente, de forma solidária (ainda que na base competitiva), entre os membros da massa, no trânsito deslocado de seus desejos.

Assim, a estrutura ou mecanismo da formação de uma massa fascista combina aspectos fundamentais: incialmente, ao entrar em uma massa o indivíduo atualiza e anula recalques que estão fundamentados em pulsões inconscientes e que ele geralmente desconhece; através das pulsões recalcadas ele pode desempenhar moções contraditórias, as quais não realizaria solitariamente (como, p.ex. as donas de casa [classe média] que hostilizaram os "artistas comunistas" na rua, nas manifestações fascistas do 7 de setembro de 2021); facilmente o indivíduo na massa se envolve em ações dramáticas de antagonismo que podem resultar em conflito, violência e destrutividade; *uma massa sempre apresenta um vínculo não-sexual* (que é inibido em seus fins na pulsão sexual-erótica), *na identificação solidária dos membros da massa.*

Na organização de uma massa fascista temos ainda a completa presença da referência ao amor em sua substituição pelo ódio ao outro, fora do círculo. Nesse caso, o amor é substituído pela aversão e ódio ao outro tomado como adversário o qual é demonizado, dessa demonização é que vem os clichês, como os bordões: Tudo, menos o PT! Tudo, menos comunismo! Etc.

A massa fascista dramatiza uma revivescência das pulsões arcaicas da civilização. Essa é a conclusão de Adorno (Adorno, 1951: 162).

Com isso, a estrutura ou mecanismo da formação de uma massa fascista combina esses aspectos fundamentais. Em primeiro lugar, na organização de uma massa fascista temos ainda a citada completa exclusão da referência ao amor. Em segundo lugar, o amor é substituído pela aversão e ódio ao adversário que é demonizado, que foi o caso da demonização do PT e o ódio aos comunistas.

Adorno diz que Hitler recusou o papel tradicional do Pai Amoroso e o substituiu integralmente pelo seu negativo:

a autoridade ameaçadora, fundada no ódio. Há um ditado popular, inspirado em Maquiavel, diz que quem é amado é traído, mas quem é temido, é respeitado. No caso de Hitler, o Amor é transferido para a noção abstrata de Alemanha e acompanhado do epíteto de fanático. Um tipo de amor (ódio) – o que Lacan (1982: 122), chama de *amódio*[14] - que produz um círculo de hostilidade contra todos aqueles que estão topologicamente fora dele: os não-alemães (os não eleitos racialmente, como não puros).

Em contrapartida, olhando para o fenômeno de massa do populismo no Brasil, malgrado o estado policial instituído no Estado Novo em 1937, Getúlio Vargas buscou assumir a imagem do Pai (amoroso) dos pobres, dos "trabalhadores do Brasil", buscando recuperar, de um modo moreno, o amor excluído da perspectiva fascista.

Como que antecipando o fenômeno de massa pentecostal, Adorno coloca: "quanto menos uma ideia objetiva, tal como a salvação religiosa, desempenha um papel na formação de massas, e quanto mais a manipulação de massas se torna o único fim, tanto mais o amor completamente não inibido precisa ser recalcado e transformado em obediência" (Adorno, 1951: 163). Esta perspectiva traz um alerta para um Estado controlado pela fé e mediado pelo capital acumulado, daí a lógica do dízimo como lucro derivado do esforço individual e meritocrático. Nesse sentido, Adorno já alertava para a transformação das igrejas em currais eleitorais, com

14 Lacan, Jacques. (1972-1973). *mais, ainda.* Rio de Janeiro. Zahar Editores. (1982).

a demonização da esquerda, se transforma em um solo fértil para a produção de massas fascistas, no qual a filosofia do amor cristão é substituída pela meritocracia da ideologia fascista de cunho religiosa em um campo em que há pouco espaço para o amor e a solidariedade.

Neste ponto da exclusão do amor na ação de crescimento do líder, temos uma dinâmica sequencial:

1. O líder autoritário fascista inicialmente tem de lidar, não com grandes massas, mas com multidões ocasionais com as quais entra em contato;
2. Mas entrando em contato com os microgrupos ocasionais (público de determinados programas de televisão e redes sociais) ele tem de passar a impressão de que são muitos e que são homogeneamente organizados;
3. Progressivamente, exposto aos canais de comunicação de massa ele vai arregimentando mais e mais, pequenos grupos que antes estavam dispersos.

Foi como agiu Bolsonaro enquanto esteve no legislativo, alcançando essa dinâmica de crescimento surdo e lento, acima de tudo por declarações escandalosas no plenário e em programas populares de TV, mas que foram encontrando eco na sociedade, especialmente entre aqueles que vinham gradativamente se sentindo ameaçados pelos avanços sociais. Nesse sentido:

1. O processo pode levar anos e depende do acesso e exposição aos meios de comunicação de massa – mesclando elementos da Sociedade do Espetáculo[15];
2. As comunicações (manifestos) devem ser diretas e afetivamente serem chocantes, como no caso da exaltação do Brilhante Ustra que, como sinal de relevância, teve seu nome citado na íntegra. Era o assentimento da tortura e uso de armas pelos homens de bem;
3. É necessário eleger um adversário real e/ou imaginário e distorcer o adversário nas comunicações, a tal ponto que sua imagem equivalha à imagem de um verdadeiro demônio;
4. Deve comunicar a ideia de uma organização homogênea – desimportanto que essa homogeneidade não exista nem jamais tenha existido. Ela cumpre uma função imaginária.

Assim, em todas as falas fascistas, o fundo inconsciente de uma mensagem de ódio deve estar presente, seja no ataque, seja no ressentimento, seja no que for, desde que alimente a massa com **um ideário específico, necessariamente avesso ao amor.** Como vimos, no fascismo o amor recalcado e excluído é transformado **ódio ao adversário imaginário e em obediência e fidelidade** ao líder.

---

15 Se trata de uma importante referência ao trabalho de Guy Debord (2007). *A sociedade do espetáculo.* Rio de Janeiro. Contraponto.

O padrão libidinal do fascismo e de toda a técnica dos demagogos fascistas é autoritário – seguindo a lógica da divisão em cercadinhos: apoiadores versus os merecedores de agressão (imprensa). Os seguidores são submetidos a uma regressão psíquica brutal, sendo mais e mais infantilizados. Assim, a posição dos seguidores é frágil, podendo servir de alvo de *bulling*. Nesse processo de regressão afetiva e discursiva, os seguidores da massa se reduzem a membros do grupo (como coisas que são facilmente dispensáveis - gado). Enquanto isso, o líder correspondentemente assume a posição do Pai temido (Mito) e que oprime o Eu. Os sujeitos individuais são situados no plano do cenário do hipnotizado (no qual o líder assume o lugar do Ideal do Eu). Ao mesmo tempo o líder fascista se coloca como objeto erótico e modelo de Identificação. Uma referência a ser admirada e seguida.

Para se entender a extrema situação de submissão do sujeito na massa, é importante ver que *o sujeito da massa fascista fracassou no desenvolvimento de uma consciência autônoma*. Seu Eu permanece afetivamente em um estágio de desenvolvimento de dependência / revolta. Como não consegue formar um Ideal do Eu autônomo, precisa da autoridade externa que referende os seus sentimentos e moções (ressentimentos), os quais se organizam por preconceitos e a crença em valores convencionais. Nesse caminho ele tem dificuldades de tomar decisões e tende a julgar que o que está sendo feito [pelo líder] é o certo, o correto.

Dessa forma, quando questionado, o sujeito identificado com o líder fascista responde geralmente: "avalio o que está certo pelo certo e, errado, pelo errado", Isso conforme pesquisas de Adorno na década de 50 nos EUA e deste autor, coletadas junto a conhecidos que habitam parcialmente a nebulosa do ideário fascista. Ou seja: jamais avalia global e racionalmente, mas somente por ações individuais, atomizando toda sua vida e comportamento. Dessa forma, o vínculo com o líder fascista é do tipo anaclítico (de dependência infantil).

*

Dada esta breve conceituação do tema em Adorno, convém trazer a abordagem do semiótico Roland Barthes, sobre o que representam o nazismo e o fascismo como entidades discursivas. Em *A Aula* (1977)[16], Barthes apresenta uma diferenciação muito peculiar e clara entre as ideologias nazista e fascista, baseada no conceito de discurso. Segundo o semiótico, o discurso fascista tem como parâmetro a tortura (ou o hipnotizador), no qual o sujeito é levado pela tortura ou hipnose a dizer o que é desejado pelo condutor – seu modelo é a conversão.

Dessa forma, o fascismo possui uma estrutura conversiva e persuasiva. Ele obriga o sujeito a aderir a ele, caso deseje continuar subsistindo. Resta ao submetido replicar a voz do líder. O modo de ser do fascismo transforma o Sujeito individual da massa em um porta-voz de seu próprio discurso e os modelos são as escolas militares e as forças armadas de qualquer tipo, os internatos, os aparatos de tortura e investigação, as igrejas,

16 Barthes, Rolland. (1980). *A aula.* Rio de Janeiro. Cultrix.

as famílias machistas nas quais a mulher não tem outro lugar do que o da submissão. A regra é que toda diferença será dirimida pela repressão seguida da conversão. Continuando sua reflexão, Barthes coloca que, por outro lado, o discurso nazista não possui qualquer interesse na enunciação do Sujeito e, em sua conversão. Se o fascismo é um discurso que se estende para fora do grupo, o nazismo é um discurso intragrupo, ou melhor, um discurso centrado em um conceito de raça e que opera dentro dele, na exclusão de todos os demais que fora dele se encontram. Assim, o outro, o fora do círculo nazista (racial) é considerado um degenerado e deve ser destruído. O nazismo é eugênico. Ora, é neste caminho que o nazista promove continuamente uma higienização do discurso – sua meta é a eliminação de toda a diferença discursiva possível – o que resultou, durante a Segunda grande Guerra, nas câmeras de extermínio. Assim, na diferença do fascismo, que é um sistema de conversão, o submetido no nazismo deve ser eliminado. A regra aqui é que toda diferença resulta na eliminação eugênica do diverso. Somente deve existir a mesmidade e todos devem formar uma unidade.

Alcançar definições palpáveis e inteligíveis dos modos de ser das ideologias fascista e nazista atualmente é uma das tarefas vitais, pois permite nos movimentarmos no cenário brasileiro atual e encararmos a sua complexidade, como nas posições de rejeição, por parte dos professores universitários, acerca das quotas raciais.

Umberto Eco e a semiótica do fascismo

No seguimento da psicanálise e da teoria crítica, chegamos em Umberto Eco[17], semiótico que sugere que existem diferenças estruturais entre o nazismo e o fascismo que são percebidas do ponto de vista das ideias (ideologia). Tais diferenças descrevem um "desconjuramento ordenado, ou seja, **uma confusão estruturada**". A **reflexão sobre o tema, conduz o** Semiótico a uma tese: enquanto o nazismo é monolítico – ateísta e pagão – ele não permite nenhuma permutação; por outro lado os aspectos multifacetados do fascismo o conduzem a uma difusão fragmentária da ideologia o que o incita a uma permanente permutação. O modelo conceitual de Eco é o jogo de linguagem, suas permutações e semelhanças de família.

Assim, ainda que ambas as ideologias sejam totalitárias e autoritárias, o fascismo apresentaria uma versão de um

[17] Eco, Umberto. (2020). Fascismo eterno. Rio de Janeiro. Editora Record.

totalitarismo fuzy, no qual se sobressai os aspectos de ser impreciso, desfocado e deslocado. De acordo com Eco, o fascismo se estrutura em puzzle (mosaico composto de partes que se encaixam nem sempre adequadamente) na qual temos **uma colagem de diferentes ideias políticas e filosóficas que se** apresentam como um mosaico de contradições. Mas em sua versatilidade plástica e caótica, o fascismo é capaz de importar procedimentos e processos particulares do nazismo, os redescrevendo e os executando sempre de modo diversamente estruturado e, muitas vezes, contraditórios. Será dessa forma que, no campo da Ideologia, uma ideologia fuzy como o fascismo, indica a formação uma ideologia formada por peças de ideias independentes, contraditórias e que podem se combinar em jogos de linguagem ideológicos (em um jogo de puzzles), mutáveis e, novamente, contraditórios, nos quais temos alguns ou vários componentes presentes no puzzle.

Com isso, o semiótico italiano nos coloca que, no Século XX, tivemos somente um nazismo e todas as demais derivações, mesmo que incorporem aspectos do nazismo, são consideradas por ele como ideologias fascistas. Ora, isso implica que temos versões de fascismos que são adaptáveis e maleáveis. É nesse ponto, na mutabilidade, diversidade, aleatoriedade e possibilidade de existência contraditória, é que reside o mecanismo **do jogo de linguagem (Wittgenstein)**[18] presente nas componentes eidéticas, essenciais do fascismo. Elas são formas de jogos

[18] Eco toma as ideias de *jogo de linguagem* e *semelhanças de família* do trabalho de Wittgenstein, Ludwig. (2014). Investigações filosóficas. Rio de Janeiro. Vozes.

de linguagem que se organizam por semelhanças de família (Wittgenstein): "Um jogo pode ser ou não competitivo, pode envolver uma ou mais pessoas, pode exigir alguma habilidade particular ou nenhuma, pode envolver dinheiro ou não" (Eco, 2020: 40). Em uma linguagem freudiana diríamos, por cadeias associativas, nas quais massivamente tenhamos movimentos de deslocamento, distorção, condensação e figurabilidade, como mostrado por Freud para o funcionamento do Inconsciente no Capítulo VIº *da Interpretação dos sonhos*[19].

É nesse sentido que temos diferentes tipos e modos de fascismos, diferenças que se apresentam no campo histórico, social, religioso, político, econômico etc., os quais podem ser entendidos e estruturados como jogos que se organizam a partir de modos diferentes e com peças (ideias) nem sempre as mesmas. E podemos ilustrar de forma formal esta permutação dos jogos de linguagem fascistas, tomando como parâmetros grupos individuais de ideias que formam matrizes ideológicas.

Suponhamos que venhamos a encontrar quatro grupos de puzzles (jogos quebra-cabeças) ideológicos, nominados aqui por *grupo 1*, *grupo 2*, *grupo 3* e *grupo 4*, cada qual formado por três ideias. Por exemplo, no *grupo 1* teríamos as ideias "abc", no *grupo 2*, as ideias "bcd" e, no *grupo 3*, "cde", enquanto, finalmente, no *grupo 4*, teríamos as ideias "def".

Esta organização dos jogos de linguagem por Eco nos faz constatar que o *grupo 1* possui um ou dois elementos (ideias) em comum aos *grupos 2* e *3*, mas o *grupo 1* não possui

19 Freud, Sigmund. (1900). *A interpretação dos sonhos*. Porto Alegre. Editora LPM.

nenhum elemento eidético em comum com o *grupo 4*. Mas o curioso é que a formação do *grupo 4* é dado a partir das permutações que foram desenvolvidas nas passagens entre os *grupos* de *1* a *3*. Aqui reside uma conexão entre a ideia de permutação nos jogos de linguagem e o conceito de deslocamento em Freud.

A proposta aqui estruturada sugere que cada um dos *grupos*, de *1* a *4* poderiam representar agrupamentos político-ideológicos com semelhanças e diferenças entre eles – utilizando aqui o conceito de: "semelhanças de família", os quais estariam, sempre de modo diferenciados e variados, presentes em sujeitos individuais. Isso significa que podemos tomar cada grupo como um indivíduo ou mesmo uma pequena célula de indivíduos, como por exemplo, um agrupamento familiar nuclear.

Tendo organizada esta estrutura semiótica de permutação (deslocamento e condensação), Eco vai se aproximar do trabalhado realizado anteriormente, por Reich e, principalmente, Adorno.

É assim que, a partir do pensamento de Adorno e Eco, podemos organizar uma matriz de quatorze estruturas ideológicas que formam a grande matriz (nebulosa) do pensamento-ideologia fascista, os quais formam unidades dinâmicas que compõe jogos de linguagem intercambiáveis, mutáveis, finitos e precários. Estas quatorze estruturas foram desenvolvidas a partir das características que configuram a personalidade autoritária delineadas por Adorno. São elas:

1. o culto da tradição;
2. a recusa da modernidade;
3. o irracionalismo que se manifesta pela exaltação da ação pela ação;
4. a ideia de que todo e qualquer desacordo comporta em uma traição;
5. um exacerbado racismo xenofóbico;
6. um profundo e insidioso ressentimento que faz apelo à uma classe média frustrada verticalmente;
7. uma tenaz obsessão pela conspiração que tem os ares de uma paranoia e se mescla com uma permanente teoria da conspiração;
8. a sistemática necessidade da eleição de inimigos (fortes & fracos);
9. um exaltado antipacifismo que venera a guerra e a cultura das armas, bem como da sua utilização efetiva;
10. uma renitente crença no elitismo de um Eu imaginário, acompanhado do desprezo pelos fracos e pelos oprimidos, os tomando como classes sub-humanas;
11. o culto ao individualismo e a meritocracia, associado à ideia de que cada um é um herói;
12. uma ativa e pública atitude sexista, resultado da inveja do pênis, a qual se afirma como machismo e homofobia;
13. a prevalência de pensamentos populistas;
14. a formação de léxicos hostis e pobres (sem conteúdo real) que formam uma propaganda geral e que são

repetidos pelos indivíduos de forma perseverante e chocante.

*

Dadas estas quatorze estruturas, cumpre agora pensá-las em relação a alguns pontos fragmentários de nossas vivências coletivas nos três últimos anos, a saber, de 2019 até agora. Para tanto, cabe apresentar frases das duas personagens mais significativas do governo que apresentam um ideário fascista, figurados no Presidente Jair Messias Bolsonaro e seu ministro de economia, Paulo Guedes.

O Presidente Jair Messias Bolsonaro, enquanto figura pública e líder do movimento bolsonarista, possui uma longa e histórica lista de frases de cunho fascista que poderiam ser elencadas. Vamos, contudo, nos concentrar em quatro pontos, três frases e um comportamento de Estado. A primeira é a famosa, reiteradamente repetida, "Brasil acima de tudo, Deus acima de todos", a qual traduz a expressão alemã utilizada por Adolf Hitler, "Deutschland über alles", que tem a tradução em português: "Alemanha acima de tudo". Na frase de Bolsonaro, ele acrescenta: "Deus acima de todos", para assim acrescentar um laço religioso. A segunda foi proferida em 2003, quando o deputado federal Bolsonaro disse à deputada federal Maria do Rosário, em plena Câmara, o seguinte: "Jamais iria estuprar você, porque você não merece". No mesmo momento empurrou a deputada e ameaçou lhe dar uma bofetada. No ano seguinte, em 2014, ele repetiu a ofensa à deputada, dessa vez, em discurso no plenário da Câmara do Deputados. Pela ofensa, o candidato foi condenado pelo Tribunal de Justiça do Distrito Federal a pagar indenização de R$ 10 mil à Maria do Rosário. Finalmente uma terceira, enunciada no final do mês de abril de 2020, quando o Presidente foi questionado no cercadinho por um repórter o que ele tinha a dizer sobre o recorde diário de mortes notificadas naquele dia. Ao que o presidente respondeu: "E daí? Lamento. Quer que eu faça o quê? Eu sou Messias, mas não faço milagre". Em quarto lugar, como é de notório conhecimento público, e inclusive indicado pelo relatório da CPI da Pandemia, a Presidência da República, na figura de seu Presidente e Ministros, realizaram todos os esforços ao seu alcance para que não houvesse campanha de vacinação pública no Brasil e se adotasse a tese anticientífica da imunidade de rebanho.

No que diz respeito à primeira frase, lembrando o colocado por Adorno sobre Hitler, que substitui o amor pelo outro pelo amor generalizado e abstrato centrado na Alemanha como nação, Bolsonaro segue seus passos colocando o Brasil acima de todos, ou seja, em um conjunto topológico no qual somente ele subsiste e, para além dele, estariam todos os demais povos, nações e pessoas. De acordo com Eco, temos aqui a importação de um expediente do pensamento nazista importado para dentro do bolsonarismo, com o acréscimo de um referendo religioso, pois diz que Deus está acima de todos. Além da frase de Bolsonaro, "Brasil acima de tudo, Deus acima de todos", apresentar uma contradição lógica entre a primeira e a segunda oração, a sentença possui a finalidade de mostrar superioridade e jogar sobre todos os sujeitos fora de sua descrição topológica, a força opressiva de um discurso que deixa subentendida a possibilidade da guerra, como foi flertado no caso Venezuela, que não prosperou quando o governo e militares se deram conta da falta de potência armada do Brasil frente a Venezuela.

O caso colocado na segunda frase, "Jamais iria estuprar você, porque você não merece", dita a deputada federal Maria do Rosário, apresenta o resultado da "atitude ativa e pública sexista, resultado da inveja do pênis, a qual se afirma como machismo", elemento muito característico e usual de uma mentalidade fascista.

Já na terceira frase, "E daí? Lamento. Quer que eu faça o quê? Eu sou Messias, mas não faço milagre", em um modo de tratamento público diante das perdas das famílias diante da pandemia, mostra, ao mesmo tempo, o afastamento do amor e solidariedade da ação efetiva, como "uma renitente crença no elitismo de um Eu imaginário, acompanhado do desprezo pelos fracos, dos oprimidos, os tomando como classes sub-humanas". Além do mais, ao dizer que se chama Messias (o escolhido), realiza, na forma de uma denegação, apresenta o próprio "culto ao individualismo e a meritocracia, associada à ideia de que cada um é um herói".

Dentre muitas, há duas verbalizações de Paulo Guedes, Ministro da economia do Governo de Jair Bolsonaro, mais dignas de nota. A primeira frase famosa, que o notorizou foi dita no dia 02 de janeiro de 2020, Guedes disse, em coletiva do Seminário de Abertura de 2020: "O câmbio não está nervoso, (o câmbio) mudou. Não tem negócio de câmbio a R$ 1,80. Todo mundo indo para a Disneylândia, empregada doméstica indo para Disneylândia, uma festa danada. Pera aí. Vai passear em Foz do Iguaçu, vai passear ali no Nordeste, está cheio de praia bonita. Vai para Cachoeiro do Itapemirim, vai conhecer onde o Roberto Carlos nasceu, vai passear o Brasil, vai conhecer o Brasil. Está cheio de coisa bonita para ver". A segunda frase foi proferida no dia 21 de janeiro de 2020, Guedes disse: "As pessoas destroem o meio ambiente porque precisam comer. Você não tem um meio ambiente limpo porque as soluções não são simples. São complexas".

A primeira verbalização de Guedes, que virou Meme na Internet, apresenta a clara expressão do ressentimento vertical da elite frustrada de ter de dividir os privilégios e lugares de translado e turismo com as classes inferiores, tipificadas na "empregada doméstica". A revolta ressentida da classe média e alta brasileiras com o fato de que, tanto o ENEM como o sistema de cotas raciais, permitiram que os "pobres" ingressassem na Universidade foi um dos motores para a consolidação e aceite das ideias fascistas se instalarem de modo geral na mentalidade brasileira e produzirem a ascensão do bolsonarismo como uma forma de neofascismo.

Já a segunda frase, "As pessoas destroem o meio ambiente porque precisam comer. Você não tem um meio ambiente limpo porque as soluções não são simples. São complexas", mostra um aspecto interessante do tipo de propaganda ou modo de transmitir ideias publicamente, utilizados pelo neofascistas bolsonaristas. Ela utiliza a famosa técnica do "salame", descrita por Adorno, no texto Aspectos do novo radicalismo de direita (2020), na qual você toma uma discussão ou tema, recorta um pedaço e o modifica, principalmente enxertando nele pedaços que não faziam parte dele ou que você pretende transmitir e o utiliza como propaganda ou afirmação. No caso, substitui-se os sujeitos da frase e se produz justificativas outras que as testadas e aprovadas. Diga-se de passagem, o mesmo método foi utilizado para combater o inexistente "Kit Gay" e promover o "Kit anti-COVID", duas peças falsas, uma com apelo a uma pauta moral e sexista de costumes, outra para contornar a inação diante da pandemia e outros aspectos ainda obscuros.

A submissão como enigma da sociologia

Um dos enigmas que a sociologia se propôs a desvendar desde sua origem – na virada do século XIX para o XX – foi o da submissão política.

Esta submissão esteve entre os temas centrais da obra de Émile Durkheim (França, 1858-1917)[20], um dos autores seminais das teorias sociológicas. Para Durkheim, todo agrupamento social busca por estabilidade e previsibilidade. Fazermos parte de um grupo nos leva a criar cumplicidades que se desdobram em maneiras de pensar, de compreender o que é o certo

[20] A editora Martins Fontes publicou obras de referência de Émile Durkheim, como O Suicídio, As Regras do Método Sociológico, Lições de Sociologia, As formas elementares da vida religiosa e Da Divisão do Trabalho Social. É possível acessar vários desses textos na obra DURKHEIM, Émile. (1983) São Paulo: Abril Cultural/Coleção Os Pensadores. Os textos foram selecionados pelo filósofo José Arthur Gianotti e traduzidos por Carlos Alberto Ribeiro de Moura.

ou o errado a fazer, maneiras de se comportar. A identidade grupal gera uma coesão que impele a consciência individual a se submeter – ou se subsumir – à consciência coletiva grupal. A experiência grupal ou coletiva, por seu turno, leva à cristalização de valores e códigos morais que amarram todos do grupo a uma espécie de acordo de convivência que possui suas "cláusulas pétreas", tal como uma Carta Magna funda uma nação.

Durkheim perceberá nesta coesão um tipo de solidariedade – que denomina de *solidariedade mecânica,* em contraste com a *solidariedade orgânica* – impensada, não racional, porque embalada por forte identidade afetiva.

Ora, a sociedade contemporânea tem se mostrado estilhaçada em múltiplos agrupamentos sociais, em coletivos que mantêm forte identidade entre seus membros.

Richard Sennett já percebia essa tendência de fragmentação em pequenas coletividades em seu livro *O Declínio do Homem Público*[21]. Neste livro, publicado na década de 1970, o sociólogo estadunidense percebe a emergência de um tipo de ideologia inusitada, a ideologia da intimidade. Um profundo ressentimento teria se abatido sobre as sociedades contemporâneas, que identificavam nas lideranças sociais e autoridades públicas um campo de distinção e favorecimento social que não condizia com a promessa de representação que seria firmada ao receber o voto do cidadão. Em pouco tempo, todo eleito é alçado à condição de celebridade, convidado para falar sobre

[21] Sennett, Richard. (2014). *O declínio do homem público: As tiranias da intimidade.* Rio de Janeiro. Editora Record.

sua vida – até então, similar à vida do eleitor que lhe conferiu a distinção pelo voto – em programas de televisão, a viajar pelo mundo com custos pagos pelo erário público, a sorrir constantemente por ter poder e uma vida estável. O cidadão comum passou a se indignar, sugere Sennett, e a só confiar nos seus círculos de relações mais próximas e íntimas. Com isso, passa a deslegitimar as autoridades públicas e instituições sociais.

A sociedade, em outras palavras, se fragmentou, dando lugar às tribos urbanas, aos coletivos sociais, às pequenas narrativas, aos "lugares de fala", à solidariedade mecânica a qual se referia Durkheim no início do século XX.

Sennett conclui que a única figura pública que poderia alimentar alguma afinidade dos ressentidos da ideologia da intimidade seria o líder populista, o demagogo que se diz ser um igual aos desamparados, mas que recebeu uma incumbência – sabe-se lá de quem – para representar os párias sociais no mundo da política, arriscando-se. Um discurso polarizado de um político que brinca de esconde-esconde com o eleitor: diz ser um igual, mas se joga na boca do lobo para viver na própria pele as desventuras do poder que os homens simples desprezam.

O mecanismo político de sedução se aproxima do que Freud, Reich, Adorno e Eco descreveram com tanta propriedade como sendo uma trama de sedução que se apoia na frustração ou numa noção atávica de ordem social que se erige por uma força exterior à dos que se sentem marginalizados.

Esta sedução do líder leva ao convencimento. Mas não se trata de um mecanismo simples de convencimento.

O mesmo Émile Durkheim sugeria que o papel da educação seria justamente o de gerar na criança a "submissão consentida". Algo como a sujeição ao domínio do professor que o guiaria para fora do mundo selvagem da desordem e da confusão bárbara para o mundo civilizado, construído por gerações de adultos. A submissão consentida viria do aprendizado, da superação da ingenuidade e da pureza que vê em tudo um mundo de paz e comunhão.

Não! diria o líder demagogo. O mundo não é marcado pela comunhão, mas pelo abuso de poder. Pelo discurso, o mundo até então romanceado se desmancha à luz do dia. A ingenuidade passa a ser guiada pelo líder demagogo que sabe o caminho para um mundo realmente moralmente organizado, correto e efetivamente apaziguado, sem exploradores e usurpadores.

Max Weber[22], outro clássico da sociologia (Alemanha, 1864-1920) **complexificará esse processo de sedução à submissão consentida**. Para o autor alemão, toda ação social nasce de uma motivação individual comum. Seriam quatro tipos de motivação principais: por um *objetivo comum*, por *um valor*, pelo *costume* e pela *emoção*. Raramente cada uma dessas motivações se apresenta em estado puro, podendo se mesclar e gerar formas de domínio de um chefe ou líder que se prende aos dominados. Um domínio marcado pela emoção pode levar a um líder carismático que projeta de maneira mágica um mundo de paz. É

22 Ver WEBER, Max (2002). Economia y Sociedad. México DF: Fondo de Cultura Económica. Sobre a biografia do sociólogo alemão, ver WEBER, Marianne (1995). Biografía de Max Weber. México DF: Fondo de Cultura Económica.

justamente aí que reside o domínio do demagogo. Ele promete, com veemência, que sabe como abrir a Porta da Esperança. Porque ele é igual aos dominados, mas recebeu um chamado, uma convocação divina. Apresenta sua liderança como um sacrifício pessoal. Sua escola foi a "escola da vida", não os bancos universitários que formam pedantes e arrogantes. Seu corte de cabelo e suas roupas são descuidados porque sua preocupação não é a estética, mas a vida simples voltada para a família e às pequenas conquistas cotidianas.

O demagogo é tão instável como qualquer um. Sabe pouco sobre as tecnalidades da gestão econômica de um país, se exagera num discurso é porque se exaltou, não sabe se comportar nos salões nobres do poder mundial. Quer trabalho, família e honestidade. É contra os parasitas, os que colocam a família em risco, os libertinos e os corruptos. Pode ser católico, **mas se identifica com a teologia da prosperidade** justamente porque prega a família, a honestidade e o trabalho.

O demagogo é meio malandro como um adorável Agostinho Carrara[23] que faz parte da *Grande Família nacional.* **Seus erros são desculpáveis porque, afinal, todos erramos, mas** temos a chance da redenção. Basta demonstrar boa vontade e se banhar nas águas do rio Jordão.

Esta é a moldura do arquétipo que fisgou o brasileiro pela identidade do sofredor e marginalizado, o esnobado pela classe

23 Personagem caricato do pequeno malandro brasileiro interpretado pelo ator Pedro Cardoso na versão que foi levada ao ar pela Rede Globo entre 2001 e 2014.

média alta pedante, pelo marginalizado que furou a fila com uma distinção que um político matreiro instituiu para conseguir seu voto, pela feminista que não quer o amor de um casamento estável, o sofredor que pode ter seu esforço de anos surrupiado por um comunista.

Esta é a promessa do demagogo que surfa em meio à ideologia da intimidade. Esta é a base discursiva que aprisiona o dominado por ele, que narra um mundo indecente que até aqui o dominado não percebia para, então, projetar uma guerra santa para limpar o país e instalar um Paraíso.

Georg Lukács (1885-1971) percebeu um movimento similar na Europa, mais notadamente, na Alemanha dos anos 1930 que o motivou a escrever o livro *A Destruição da Razão*[24]. Narrou o que lhe parecia um momento de profundo irracionalismo e ataque à razão em todos os planos da atividade humana. Neste livro, sugere que "As massas foram fortemente envenenadas por ideologias sem que jamais tenham colocado os olhos sobre a fonte direta do envenenamento."

A engenharia política que vivemos sob a égide do bolsonarismo nasce do ressentimento e da ideologia da intimidade. É por aí que estilhaçamos a nação em interesses privados, íntimos, desconfiados, marcados pela frustração com todo sistema de representação política e com lutas coletivas. As demandas sociais justas seriam as dos grupos de intimidade, os pequenos coletivos autônomos. Coletivos que não se irmanam, mas que são capturados pelo discurso do ódio, do ressentimento, da revanche.

24 LUKÁCS, Georg (2020) A destruição da razão. Maceió. Instituto Lukács.

Desde o seu início a sociologia se preocupou com os fenômenos de captura do mal-estar da civilização e das crises de representação social por lideranças prototipadas também pelo seu descompromisso com um projeto de sociedade.

Uma cultura em transe

*

Será a partir desse contexto que muitos de nós nos perguntamos como foi que a sociedade brasileira, tão bem descrita como cordial[25], alegre e sem conflitos, chegou ao ponto de ver aflorar de forma massiva manifestações fascistas nos últimos tempos?

Talvez a resposta esteja dentro de cada um de nós, à sua vez. O ideário fascista, entendido a partir da nebulosa formada por ideais, como o mostrado, pode estar presente no

---

[25] O conceito foi desenvolvido por Sérgio Buarque de Holanda e se refere à marca da relação afetiva (se referindo à origem latina da palavra que remete ao coração ou "que conforta o coração") entre brasileiros. Este caráter intimista gera, segundo o autor, uma espécie de "culto amável" ou "culto sem obrigações e sem rigor", de tipo familiar. Não se trata, portanto, de passividade ou relação respeitosa. Antes, uma negação do espírito de solenidade que transfigura a noção de autoridade formal e distante do cidadão com pouco poder. Ver HOLANDA, Sérgio Buarque (1995). Raízes do Brasil, São Paulo: Companhia das Letras, pp. 141-151

inconsciente de qualquer um de nós, provavelmente pela nossa formação subjetiva em uma sociedade tradicionalmente machista, autoritária e escravocrata.

Se tomarmos o que aprendemos com Freud e explorado de forma magistral por Adorno e Eco, na perspectiva de puzzles que compõem um ideário na forma de uma nebulosa, talvez possamos ver que em determinados momentos de nossa trajetória somos tomados por moções inconscientes que nos tomam e nos colocam na possibilidade, uns mais do que outros, de desempenharmos comportamentos fascistas.

Mas sabemos que núcleos de ideias em uma sociedade podem permanecer por longo tempo adormecidas e serem soterradas por uma avalanche de outras ideias que as restrinjam e as sobrepujam. Mas como repositório elas permanecem no sujeito individual e, em momentos oportunos, em determinadas conjunturas, podem adquirir novamente a força expressiva para se materializar publicamente. Neste momento Marx é um de nossos guias. No *18 Brumário*, Marx diz que em momentos de crises, ao invés dos sujeitos darem um passo à frente, e revolucionar as coisas e o mundo, tendem a apelar às efigies do passado que os assombram e os oprimem. Esse passado recalcado, de nossos familiares, de nossa história de escravagismo, de nosso grande Outro, como diz Lacan, reside em cada um de nós e, como Sujeitos em uma sociedade fragmentada e multifacetada, somos pressionados por ele.

No caso da emergência e força do pensamento fascista em nosso meio, estimado pelos vários levantamentos disponíveis como ao redor de quinze por cento da população, talvez seja importante pensarmos nas condições históricas e subjetivas que constituem o cenário no qual ela se torna possível.

O exemplo inicial que referi da lei de quotas se constitui em um dos direitos relativos à cidadania. Dentre outras coisas, existem dois aspectos fundamentais nele. O primeiro refere-se a uma estratégia de Estado, visando dirimir a diferença social por meio da abertura de oportunidades para as populações econômica e socialmente prejudicadas pela desigualdade social em nosso país. Mas existe um outro aspecto desse exemplo, que é o de reconhecer e saldar, ao menos parcialmente, uma dívida histórica com a escravidão e com o genocídio das populações indígenas.

O conceito de cidadania foi fixado pelo cientista americano Thomas Humphrey Marshall (1893-1981)[26], por volta da década de 1940, no qual ele sugere, com base na história da Europa, que o conceito de cidadania incorpora três direitos: o *direito civil* que vem a partir da Revolução Francesa, o qual define que todos os homens e mulheres são iguais formalmente, e que, portanto, possuem o direito a ir e vir e a expressar as suas ideias e opiniões. Este direito irá gerar o *direito político*, o segundo da série de três, que se constitui no direito de cada um deles em influir no cenário da arena pública e nas políticas públicas, inclusive por intermédio das eleições. Ou seja, o cidadão pode escolher um representante ou mesmo ser escolhido como

[26] Obra de Marshal MARSHALL, T. H. (1967). Cidadania, Classe Social e Status, Rio de Janeiro: Zahar.

um deles. Ora, o direito político, adquirido pelas massas gera a possibilidade da inscrição de políticas sociais que produzem a inclusão social no corpo da política pública. Agora, o terceiro e último direito para o Marshall é o *direito social*, compreendendo o direito à saúde, à educação etc. Enfim, esta é a estrutura da cidadania desenhada pelo pensador americano.

Entretanto, houve toda uma discussão no final do Século XX, que sugeriu um quarto conjunto de direitos que foram designados como *direitos difusos*, não descrito por Marshall, que correspondem a direitos não personalizáveis, como por exemplo, o direito ecológico, o direito à natureza, direito à cultura, mas principalmente, o direito a participar da gestão pública, independentemente do voto.

Jaime Pinsky (2003)[27], indica que há uma divisão histórica desse conceito de cidadania, isto entre as concepções gregas e romanas. Enquanto os romanos priorizavam o direito civil e individual, os gregos situavam-se nos direitos coletivos. No caso do Brasil, como defende José Murilo de Carvalho[28], historiador notável e controverso, a história da constituição da cidadania é diferente do caso Europeu e Americano. No caso brasileiro, a constituição da cidadania não nasce pelo direito civil, mas sim pelo direito social, ou seja, pelo Estado autoritário do Estado Novo de Vargas. Neste caso, o Estado brasileiro, dirigido por forças corporativas e de direita, inscreve os direitos sociais no

---

[27] PINSKY, Jaime (org.), 2010. História da cidadania. São Paulo: Editora Contexto.

[28] CARVALHO, José Murilo (2001). Cidadania no Brasil: O longo caminho. Rio de Janeiro: Civilização Brasileira.

campo da sociedade, em garantia ao direito civil. Por outro lado, e em função disso, o direito político estará circunscrito a apenas ao ato de votar, isto porque o Estado e as forças de elite, tão solidamente constituídas, irão criar uma sociedade dual, na qual aquele que elege não possui qualquer poder sobre as decisões do poder público, as quais ficam sob a guarda e ação exclusiva dos eleitos. Dessa forma, esses detentores de cargos eletivos são transplantados para um patamar superior, no qual lhes é permitido decidir tudo entre eles. Com isso, os eleitores são deixados à margem das decisões, restando-lhes tão-somente a influência do voto. Aqui temos uma estranha topologia, porque ao mesmo tempo que inclui os sujeitos no voto, os alija das decisões fundamentais sobre si e a sociedade. E não tratamos aqui de plebiscitos ou democracia direta, mas sim de inserção organizada no organograma das instituições do estado.

Neste aspecto temos uma interessante relação com o conceito de transformismo, pensado pelo filósofo italiano, Antonio Gramsci. Em seu estudo crítico, Chiaromonte (2021)[29] apresenta o conceito gramsciano. Segundo ele "o transformismo é a expressão (muitas vezes, negativa) de um fato que continua a ser político: ou seja, da hegemonia que conseguiram conquistar e exercer, no terreno concreto dos acontecimentos da *política risorgimentale*, e mesmo depois, os grupos "moderados" e até conservadores". O fenômeno do transformismo[30] mostra

---

[29] O estudo de Chiaromonte pode ser visualizado em: https://www.acessa.com/gramsci/?id=661&page=visualizar.

[30] Ver verbete "Transformismo" em LIGUORI, Guido & VOZA, Pasquale (2017). Dicionário Gramsciano. São Paulo: Boitempo, pp. 784-785.

que nos processos interativos, muitos sujeitos deslocam-se de posições conservadoras para posições social, cultural, ética e politicamente mais abertas, inovadoras e flexíveis. Mas, quando crises na sociedade emergem, esses mesmos sujeitos progressivamente retornam às posições conservadoras, reacionárias, ou ainda fascistas, que habitavam o centro do núcleo familiar de sua formação juvenil. Aconteceu na Itália, entre 1890 e início dos anos 1900 e resultou no fascismo italiano do Ducce; aconteceu no Brasil, entre o final dos anos 1990; e fechou seu ciclo com a crise que se instaurou nos movimentos de jovens "nas ruas", como descrevemos em livro homônimo[31]. O conceito de transformismo de Gramsci atualiza a antecipação das elites dos direitos sociais quando se percebe que há possibilidade de um real confronto a partir do sentimento de injustiça que habita na base da sociedade. Em resposta, ele desencadeia um movimento de manutenção da hegemonia dos grupos moderados e/ou conservadores do campo político. Isso explicaria igualmente os movimentos realizados entre o pensamento de elite e a direita conservadora na era Vargas, por exemplo. Já no campo da literatura, temos uma brilhante representação do transformismo no romance, "O leopardo" (1958)[32], de Giuseppe Tomasi di Lampedusa, no qual, o príncipe Fabrício de Salina ou Don Fabrício diz ao seu colega: "Tudo deve mudar para que tudo fique como está", ou seja, façamos a revolução, antes que o povo

[31] Ricci, Rudá & Arley, Patrick. (2014). *Nas ruas: a outro política que emergiu em junho de 2013.* Belo Horizonte. Editora Letramento.

[32] Lampedusa, Giuseppe Tomasi di. (2017). O leopardo. São Paulo. Companhia das Letras.

a faça. Nesse sentido é que as movimentações sociais, políticas, culturais e éticas foram desenvolvidas, primeiramente nas ruas, seguindo pela operação lava-jato, seguida do impeachment, da prisão do ex-presidente Luiz Inácio Lula da Silva e, finalmente, a tacada-final na campanha que elegeu o representante do fascismo brasileiro, Jair Messias Bolsonaro.

Dados estes aspectos constituintes, talvez possamos pensar que não existe uma cidadania pura no Brasil, mesmo com a inscrição desses direitos colocados no início deste texto, especialmente o direito de cidadania colocado na lei de quotas, pois esses direitos não foram o resultado de uma mudança estrutural da política brasileira. Este é um dos motivos por que eles puderam tão rapidamente ser descontruídos, no decurso de três anos de controle governamental e político pela ideologia fascista que assumiu, via o voto, o controle do estado brasileiro. Existe, dessa forma, uma coluna vertebral da política e da elite no Brasil, na qual temos um conceito cultural de casta, sob o qual o Estado, no máximo, acelera a dádiva dos direitos sociais, mas ele não consegue superar a estrutura de tomada de decisão pública que sempre fica à mercê da elite e dos eletivos, os quais se situam no degrau superior da política e da sociedade brasileira.

*

Ao nos perguntarmos sobre a atual crise da cidadania e da democracia que atravessa o todo da sociedade brasileira na atualidade – face à emergência e recrudescimento da ideologia neofascista, não somente pelo governo eleito em 2018, mas igualmente por uma base social que compactua, de forma fuzy e fragmentária, como vimos, e que progressivamente se descola de sua liderança e se torna autônoma –, podemos refletir, a partir da conjunção dos pensamentos de Freud, Adorno e Eco, sobre o panorama psicossocial no qual vivemos e sobre a paisagem pela qual temos de reaprender a nos movimentar, se quisermos nos encaminhar rumo ao reestabelecimento da democracia, da civilidade, e da garantia dos direitos civis.

De fato, estamos longe de vivermos em uma sociedade que prime pelo esclarecimento, seja ele o de Kant ou na forma como ele foi repensado por Adorno e Horkheimer (1985). Os cientistas políticos estimam que a base bolsonarista compreende uma base flutuante de cerca de quinze a vinte por cento da população brasileira. Dessa base, se estima que dez por cento dela seja de fascistas convictos, os quais, durante o processo de redemocratização do Brasil e, em função da Constituição cidadã, tiveram a sua voz expressiva silenciada, e que agora encontraram o momento fértil para recuperar essa expressão.

Por mais incompleta e provisória que se apresente essa hipótese, ela permite entender muitos dos eventos espontâneos que vêm sendo dramatizados por sujeitos isolados, seja em manifestações fascistas de chamamento ao ódio e à agressão, bem como atos individuais ou coletivos efetivos de agressão ao outro, como, por exemplo, entre tantos outros, o assassinato do Mestre Moa, no dia da eleição de Bolsonaro, o assassinato do cidadão João Alberto Silveira Freitas, por seguranças do

Carrefour, na cidade de Porto Alegre, ou a morte a pauladas do congolês que ousou reivindicar receber o pagamento do seu trabalho em um quiosque da Barra da Tijuca, no Rio de Janeiro. Se considerarmos que o uso da força agressiva sobre os cidadãos é uma marca da ideologia fascista, pelo menos até aqui ela tem sido liberada nos sujeitos individuais, via a chancela das práticas discursivas dos integrantes do governo atual e pelos setores que compactuam com ideias presentes na nebulosa fascista.

Finamente, caberia nos perguntarmos acerca do papel que pode desempenhar a psicanálise neste contexto. Ora, a psicanálise, tanto a de Freud quanto a de Lacan, defende a democracia e o esclarecimento, mesmo que paradoxalmente venham a colocar restrições à esperança de que o obscurantismo possa ser erradicado na alma do sujeito humano. Não somos simplesmente seres racionais. Nós, humanos, demasiado humanos (parafraseando Nietzsche), somos a conjunção dialética entre paixão (pulsões) e razão (esclarecimento) e, do lado das paixões, temos tanto as amorosas, como as agressivas e temos de aprender a viver com elas. Haveria, pois, uma pulsão nazista ou fascista? Reich nos diria que essa pergunta teria de ser respondida pelo estudo de uma psicopatologia, na qual o caminho do sujeito humano por uma dessas vias, deveria ser entendido como um supremo adoecimento de sua infeliz alma.

O valor que existe nesta observação poderia nos ajudar na direção de sondarmos aqueles elementos na sociedade, na cultura, na educação etc. que nos conduziria a uma atitude preventiva, mas talvez paliativa e sempre provisória. Entretanto, seguindo aqui uma observação do psicanalista Jacques Lacan (1966), que disse que "por nossa condição de sujeito, somos sempre responsáveis", entendemos que a psicanálise pode, juntamente com as demais ciências do homem, colaborar para a reconstrução responsável da democracia e do estatuto da cidadania que hoje no Brasil nos aguarda, pelo menos em parte. Certamente que se trata da projeção de uma tarefa do porvir, muito na esteira da esperança que nos deixaram grandes e saudosos brasileiros que nos antecederam, como Leonel Brizola, Darci Ribeiro e Paulo Freire, por exemplo.

Referências

Adorno, Theodor W. (2015). *Ensaios sobre psicologia social e psicanálise*. São Paulo. UNESP.

Adorno, Theodor W. (2020). *Aspectos do novo radicalismo de direita*. São Paulo. UNESP.

Barthes, Roland. (1980). *A Aula*. São Paulo. Cultrix.

Debord, Guy. (2007). *A sociedade do espetáculo*. Rio de Janeiro. Contraponto.

Carvalho, José Murilo de. (2021). *Cidadania no Brasil: o longo caminho*. São Paulo. Civilização Brasileira.

Chiaromonte, Gerardo. (2021). *Transformismo – verbete crítico-filosófico*. In: Gramsci e Brasil. Acessado em 18 de novembro de 2021. Disponível em: https://www.acessa.com/gramsci/?id=661&page=visualizar.

Durkheim, Émile. (1983). São Paulo: Abril Cultural/Coleção Os Pensadores

Eco, Umberto. (2020). *O fascismo eterno*. São Paulo. Record.

Freire, Paulo. (2019). *Pedagogia do oprimido*. São Paulo. Paz e Terra.

Freire, Paulo. (2020). *Pedagogia da esperança*. Rio de Janeiro. Editora Paz e Terra.

Freud, Sigmund. (1900). *A interpretação dos sonhos.* Porto Alegre. Editora LPM.

Freud, Sigmund (1909). *Análise de uma fobia em um menino de cinco anos.* In: Volume X das Obras Psicológicas Completas de Sigmund Freud. Rio de Janeiro. Imago (1977).

Freud, Sigmund. (2020). *A psicologia das massas e análise do Eu.* In: Cultura, Sociedade, Religião. O mal-estar na cultura e outros ensaios. Belo Horizonte. Autêntica.

G1. (2020). *Homem negro é espancado até a morte em supermercado do grupo Carrefour em Porto Alegre.* Acessado em 18 de novembro de 2020. Disponível em: https://g1.globo.com/rs/rio-grande-do-sul/noticia/2020/11/20/homem-negro-e-espancado-ate-a-morte-em-supermercado-do-grupo-carrefour-em-porto-alegre.ghtml.

Holanda, Sérgio Buarque (1995). *Raízes do Brasil.* São Paulo: Companhia das Letras

Kant, Inmanuel. (1972). *O que é esclarecimento.* In: Os pensadores. São Paulo. Abril Cultural.

Lacan, Jacques. (1972-1973). *mais, ainda.* Rio de Janeiro. Zahar Editores. (1982).

Lampedusa, Giuseppe Tomasi di. (2017). *O leopardo.* São Paulo. Companhia das Letras.

LiguoriI, Guido & Voza, Pasquale (2017). *Dicionário Gramsciano.* São Paulo: Boitempo

Lukács, Georg (2020). *A destruição da razão.* Ma-ceió: Instituto Lukács.

Marshall, Thomas Humphrey (1981). *Right to Welfare and Other Essays.* EUA. Heinemann Educational Publishers.

Marshall, T. H. (1967). *Cidadania, Classe Social e Status.* Rio de Janeiro: Zahar.

Marx, Karl. (1973). *O 18º Brumário de Luís Bonaparte.* In: Os pensadores. São Paulo. Abril Cultural.

Pinsky, Jaime & Pinsky, Carla Bassanez. (2003). *História da cidadania.* São Paulo. Editora Contexto.

Reich, Wilhelm. (1972). *Psicologia de massas do fascismo.* São Paulo. Martins Fontes.

Reich, Wilhelm. & Schimdt, Vera. (1975). *Elementos para uma pedagogia anti-autoritária.* Rio de Janeiro. Publicações Escorpião.

Reich, Wilhelm. (2013). *Crianças do futuro.* Curitiba. Centro Reichiano.

Reich, Wilhelm. (1987). *Children of the future: On the prevention of sexual pathology.* New York. Farrar Straus and Giroux.

Ricci, Rudá & Arley, Patrick. (2014). *Nas ruas: a outro política que emergiu em junho de 2013.* Belo Horizonte. Editora Letramento.

Ribeiro, Darci. (2015). *O Povo Brasileiro: A Formação e o Sentido do Brasil.* São Paulo. Editora Global.

Senado Federal. (2021). *Relatório da CPI da Pandemia.* Acessado em 18 de novembro de 2021. Disponível em: https://drive.google.com/file/d/1wy-q0Lwe0a6mLRz1a4xKqdpjarIWTDXPj/view.

Sennett, Richard. (2012). *A corrosão do caráter: o desaparecimento das virtudes com o novo capitalismo.* Rio de Janeiro. Edições BestBolso.

Sennett, Richard. (2014). *O declínio do homem público: As tiranias da intimidade.* Rio de Janeiro. Editora Record.

WEBER, Max (2002). *Economia y Sociedad.* México DF: Fondo de Cultura Económica.

WEBER, Marianne (1995). *Biografía de Max Weber.* México DF: Fondo de Cultura Económica.

Wittgenstein, Ludwig. (2014). *Investigações filosóficas.* Rio de Janeiro. Vozes.

Autores

Luís Carlos Petry. Filósofo, psicanalista e topólogo. Doutor em Semiótica pela PUC-SP (2003). Professor emérito pela PUC-SP. Atualmente leciona cursos on-line sobre topologia psicanalítica e teoria freudiana para a TOPOS Publicações. Participa dos movimentos democráticos Intelectuais & Democracia, Unidade na Diversidade e, InFAMIliares.

Rudá Ricci. Cientista Social. Doutor em Ciências Sociais pela UNICAMP (2002). Preside o Instituto Cultiva (MG). Coordena o movimento democrático Unidade na Diversidade e participa como especialista em sociologia política do Canal DCM, Diário do Centro do Mundo, no YouTube. É coordenador da Articulação Brasileira pelo Pacto Educativo Global (ABPEG), liderado mundialmente pelo Papa Francisco.

pólen bold 90 gr/m2
tipologia garamond
impresso no verão de 2022